EISENBAHNEN

WAS KINDER ZWISCHEN 5 UND 8 JAHREN ERFAHREN WOLLEN

Idee und Zusammenstellung
Émilie BEAUMONT

Text
Agnès VANDEWIELE

Aus dem Französischen
Patricia MENNEN

Bilder
Pierre BON

FLEURUS
VERLAG

FLEURUS VERLAG, Augustastraße 1 a - 77654 Offenburg

DIE ERSTEN SCHIENEN

Die ersten Schienen wurden schon im Mittelalter erfunden: Bergmänner legten Holzbretter in Wagenspuren, um darauf ihre Kohlekarren zu führen. Im 16. Jahrhundert benützte man bereits richtige Holzschienen.

Ab etwa 1750 gab es Schienen aus Eisen. Um die Schienen zu stabilisieren, wurden später hölzerne Querbalken zwischen ihnen eingefügt, die Schwellen.

So wurden die Gleise noch vor den ersten Zügen erfunden. Zuerst zogen Pferde die Wagen, später dann Dampflokomotiven.

Die ersten „Eisenbahnen"

Etwa um 1760 beschichtete man im englischen Newcastle Holzschienen mit Eisenplatten. Später stellte man die Schienen ganz aus Metall her. Das waren die ersten „Eisenbahnen". Unten siehst Du, wie ein Fuhrwerk mit einer schweren Last Kohle einen Abhang hinabfährt. Der Fahrer sitzt auf einem Hebel. Er bremst den Wagen, indem er gegen eines der Räder drückt. Anschließend zieht ein Pferd den leeren Karren den Berg wieder hinauf.

Römische Straßen

In der Antike waren die Straßen aus Steinplatten. Im Laufe der Zeit gruben die Räder der Wagen Rillen in die Straße. Diese Rillen waren schließlich so tief, daß sie die Räder führten. Obwohl die Führungsrinnen in den Steinen holprig und ungleichmäßig waren, glichen sie doch schon den zukünftigen Eisenbahngleisen.

Zeichnung: Yves Lequesnes

Stich von Jean-Loup Charmet

Bibliothek Mazarine

Verbesserte Räder

Damit die Räder der Förderwagen immer dem Verlauf der Schienen folgten und nicht entgleisten, gab man ihnen einen erhöhten Rand, der die Räder auf den Schienen führte. Sie wurden Rad mit Spurkranz oder Rollen genannt. Dank dieser Räder fuhren die Waggons so leicht, daß ein einziges Pferd bis zu 5 schwere Kohlekarren ziehen konnte.

Die ersten Förderwagen auf Rädern

In der Mitte des 16. Jahrhunderts wurden in den Kohlebergwerken in England zum ersten Mal auf Schienen rollende Förderwagen benützt. Die Schienen bestanden aus nebeneinanderliegenden Balken. Die Räder waren zunächst noch aus Holz, später dann, damit sie leichter rollten, aus Gußeisen. So ließen sich die Kohleladungen leichter ziehen.

DIE ERSTEN LOKOMOTIVEN

1804 wurde die erste Lokomotive gebaut. Andere ersetzten bald die Pferde, die die Förderwagen gezogen hatten. In England wurde am 27. September 1825 zwischen Stockport und Darlington die erste öffentliche Eisenbahnlinie eröffnet. Die „Lokomotion" von Stephenson zog 28 Wagen. In Dampfloks wird das Wasser im Kessel durch die Hitze aus dem Feuerraum aufgeheizt. Dabei wird das Wasser zu Dampf. Dieser gerät durch das Feuern unter immer größeren Druck und drückt auf einen Kolben im Zylinder, der die Räder der Lok antreibt.

Die ersten Güterzüge

In den Bergwerksgebieten von Nordengland, zwischen Manchester und Liverpool, verkehrten ab 1830 die ersten Güterzüge. Sie bestanden aus einer Dampflokomotive und offenen Wagen. Diese Züge transportierten Kohle, aber auch Steine, Vieh und Baumwolle. Die Lokomotive hatte nur vier Antriebsräder.

„Fang mich, wer kann!"

Diesen Namen trug eine Lokomotive, die der Engländer Trevithick im Jahr 1808 vorstellte. Er baute in London eine kreisrunde Gleisstrecke und umgab sie mit einem hohen Zaun. Dort zog seine Lokomotive einen Wagen auf vier Rädern. Neugierige konnten für 1 Shilling ihre erste Eisenbahnfahrt machen.

Die erste Lokomotive (rechts)

Der englische Ingenieur Trevithick baute 1804 die erste Dampflokomotive, die auf Eisenbahnschienen fuhr. In Wales zog sie Waggons, die mit 10 Tonnen Eisenerz und 70 Passagieren beladen waren, mit 7 bis 8 km/h über eine etwa 15 km lange Strecke.

Die Lokomotive von Stephenson (Mitte)

1829 fand auf der Strecke Manchester-Liverpool ein Wettrennen statt. Stephenson gewann es mit seiner Lokomotive „Rocket" (Rakete) gegen vier Konkurrenten. Seine Lok fuhr mit einer Durchschnittsgeschwindigkeit von 25,75 km/h. Später erreichte sie sogar 85 km/h. 1830 war die Strecke Manchester-Liverpool die erste, auf der nur Dampflokomotiven verkehrten.

Andere Lokomotiven (unten)

Der Franzose Marc Seguin baute 1829 die erste Lokomotive mit einem Siederohrkessel. Wie bei der „Rocket" strömte das erhitzte Gas durch zahlreiche kleine Röhren, die das Wasser im Dampfkessel erhitzten. Die erste deutsche Eisenbahnstrecke wurde am 7. Dezember 1835 zwischen Nürnberg und Fürth eröffnet. Der Zug wurde von der „Adler", einer Lok des Engländers Stephenson gezogen. Sie fuhr mit einer Geschwindigkeit von 24 km/h.

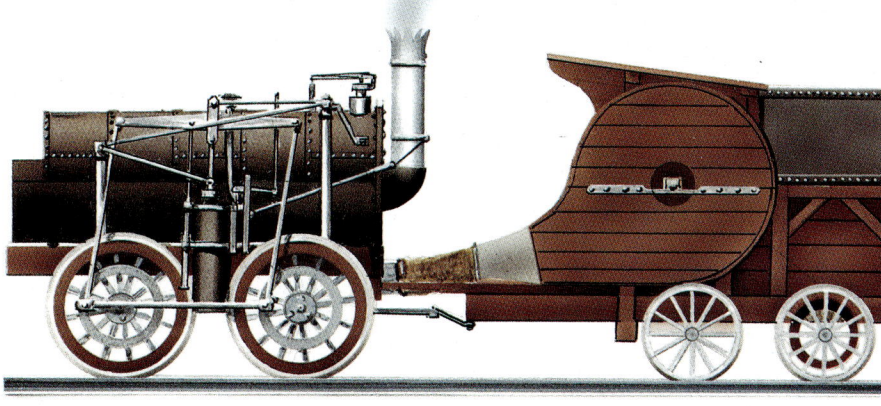

DAMPF-LOKOMOTIVEN

So wie sich das Eisenbahnnetz und der Zugverkehr entwickelten, wurde auch die Antriebskraft der Lokomotiven verbessert: In den USA zogen die Lokomotiven der „Atlantik-Pacific" und „Union-Pacific" immer schwere Züge. 1930 fuhr ein Zug mit 1000 Tonnen Last 160 km/h. Welch ein Fortschritt von der kleinen „Rocket" mit ihren 6,5 m bis zur „Big Boy" mit 40 m Länge! Doch damit war die Leistungsfähigkeit der Dampfloks ausgeschöpft. Sie wurden von 1940 bis 1960 nach und nach durch Loks mit Diesel- oder Elektromotor ersetzt.

Kuhfänger

Vorne vor den Lokomotiven wurden sogenannte „Kuhfänger" angebracht, die Tiere wie Büffel und Bisons, die über die Prärien des Wilden Westens zogen, von der Lok fernhalten und den Weg freiräumen sollten. Entlang der Eisenbahnschienen gab es ja keine Zäune. Außerdem warnte der Lokomotivführer die Tiere, indem er eine große bronzene Glocke ertönen ließ.

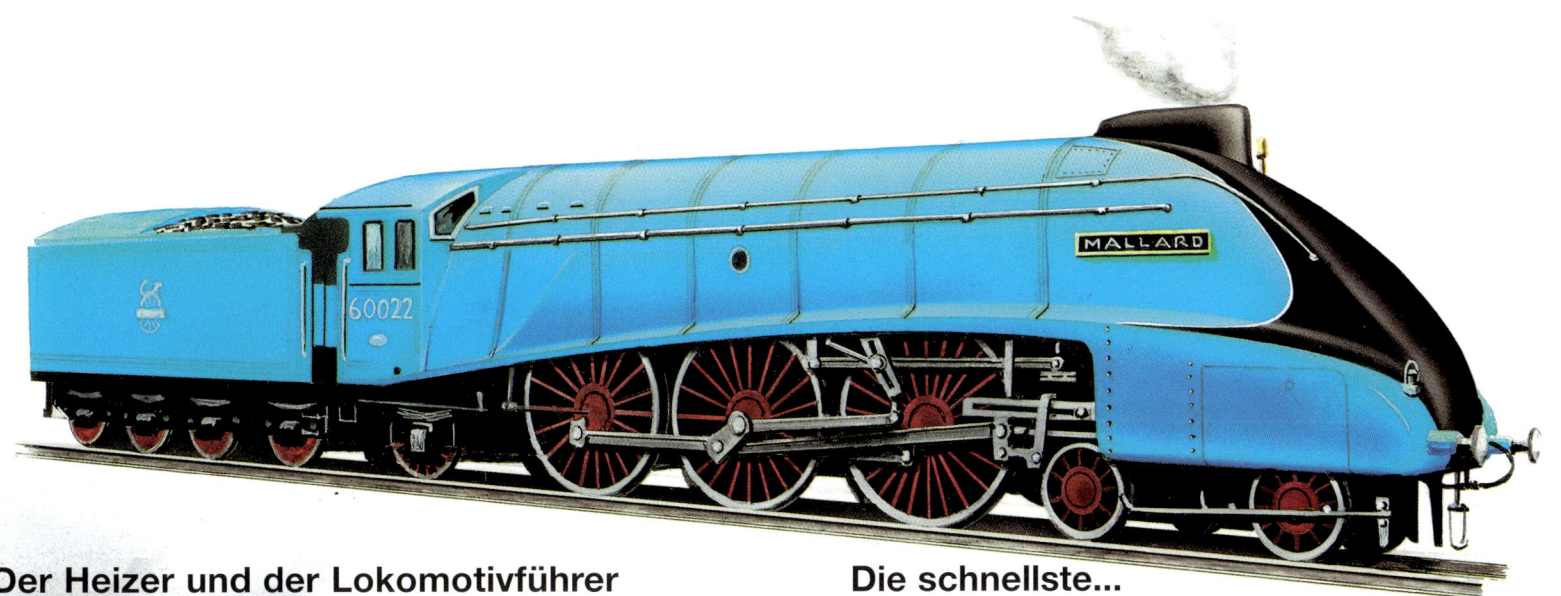

Der Heizer und der Lokomotivführer

Im Führerhaus kümmerte sich der Heizer um den Feuerraum und um den Dampfkessel, wo durch die Hitze aus dem Feuerraum das Wasser erhitzt und in Dampf umgewandelt wurde. Der Heizer schaufelte Kohle aus dem Tender in den Feuerraum. Außerdem füllte er soviel Wasser in den Dampfkessel nach, wie verdampfte. Der Lokomotivführer überwachte die Kontrollinstrumente für den Druck des Wasserdampfes im Heizkessel und in den Zylindern. Er regulierte den Dampf, der in den Kolben strömte und kontrollierte so die Geschwindigkeit.

Die schnellste...

Am 3. Juli 1938 stellte diese englische Lokomotive, die „Pacific Mallard", den Geschwindigkeitsrekord für Dampflokomotiven auf: 202 km/h, während sie einen Zug mit 7 Wagen zog. So eine spitze Nase hatten auch die frühen elektrischen Lokomotiven. Sie ermöglichte eine höhere Geschwindigkeit, weil sie den Luftstrom zerteilte. Solche Bauformen nennt man stromlinienförmig.

...und die größte Dampflok

Big Boy war 1941 die längste (40 m) und schwerste (350 t) aller Dampflokomotiven. Ihr Tender faßte 30 Tonnen Kohle und 115 000 Liter Wasser. Damit konnte sie bis zu 120 Güterwaggons durch die Sierra Nevada (USA) ziehen. Sie war eine der letzten Dampflokomotiven, die in den USA fuhr.

ZÜGE IM WILDEN WESTEN

Auf der Suche nach bebaubarem Land brachen ab etwa 1840 immer mehr Siedler aus dem Osten in den Westen auf. Zwei Eisenbahngesellschaften beschlossen deshalb, eine entsprechende Linie zu bauen. Die „Union Pacific" begann in Omaha (das bereits mit New York verbunden war), überquerte das Missouri-Tal und die Rocky Mountains. Die „Central Pacific" fing 1863 in Sacramento an die Strecke durch die Sierra Nevada zu bauen. Die Linien wurden 1869 verbunden.

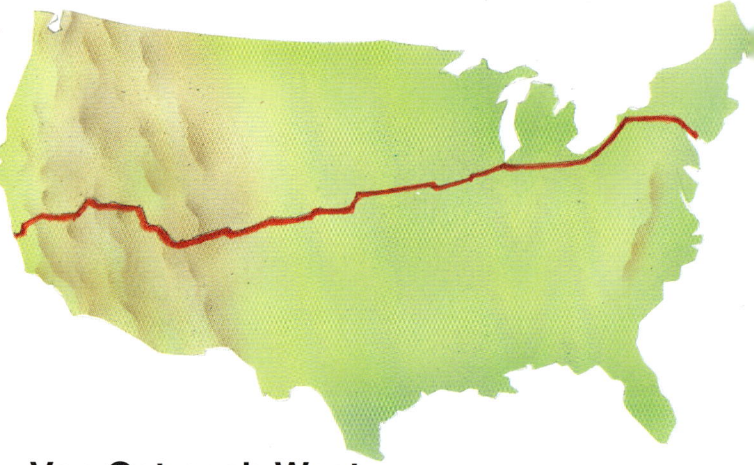

Von Ost nach West

Der Bau dieser Eisenbahnlinie (1863-1869) brachte viele Probleme mit sich. Das Baumaterial mußte von der Ostküste nach Sakramento (Westküste) geschafft werden. Die Central Pacific kaufte fünf Lokomotiven, viele in Einzelteile zerlegte Wagen, große Mengen Schienen, Schaufeln, Schubkarren und Dynamit. Das Material wurde auf Segelschiffe verladen und um Kap Horn bis nach San Francisco gebracht, dort abgeladen und auf dem Fluß bis Sacramento verschifft. An der Ostküste baute die Union Pacific die Stadt Cheyenne. Sie diente als Materiallager während der Überwindung der Rocky Mountains.

Das Verlegen der Schienen

Zwischen 1867 und 1869 brachen die Arbeiter alle Rekorde um den Wüstenabschnitt zwischen Utah und Nevada für die Linie fertigzustellen. Die Schienen wurden mit Pferdewagen transportiert und von Hand abgeladen. Erst legten die Männer die Schwellen, danach die Schienen. Sie verlegten bis zu 16 km Schienen pro Tag. Für eine Schiene brauchten sie nur etwa 30 Sekunden. Dabei mußten sie auch natürliche Hindernisse überwinden: In den Rocky Mountains wurden Tunnel gegraben (der Summit-Tunnel liegt 800 m hoch) und Brücken gebaut; außerdem mußte man gegen Erdrutsche ankämpfen. Für diese Arbeit stellte die Central Pacific mehr als 12000 Chinesen und Europäer ein, die Union Pacific viele Iren. Buffalo Bill versorgte die Männer mit Bisonfleisch.

Die Lokomotive im Wilden Westen

Die Lokomotiven wurden mit Holz oder Kohle beheizt. Ihr hoher Schornstein hatte ein eingebautes Stahlnetz, das verhindern sollte, daß Funken aus dem Feuerraum drangen und Wälder oder die Holzbrücken in Brand setzten. Die Lokomotiven waren mit einer großen Laterne, einem Kuhfänger und einer Glocke ausgerüstet. Der Lokführer mußte sehr vorsichtig fahren, weil die Züge leicht entgleisten.

Indianerangriffe

Die Indianer wehrten sich, als die Weißen mit dem „Feuerroß" durch ihre Jagdgründe fuhren und die Bisons töteten, von denen sie bisher gelebt hatten. Die Sioux und die Cheyenne griffen die Arbeitskolonnen an und zerstörten die Schienen. Die Armee stellte schließlich Wachposten auf, um die Arbeiter vor den Angriffen zu schützen.

DIESEL- UND ELEKTROLOKS

Ende des 19. Jahrhunderts wurden Lokomotiven mit anderem Antrieb erfunden. Die erste elektrische Lok wurde 1883 in England eingesetzt. Im Gegensatz zu den Dampfloks fuhr sie ohne Lärm und Rauch. Sie konnte doppelt so schwere Züge ziehen und von einem einzigen Mann gefahren werden. Anfangs wurde der Strom über eine dritte Schiene geliefert, später, ab 1895, über Oberleitungen. Die ersten Dieselloks gab es ab 1912 in Deutschland. Heute fahren auf den meisten Bahnnetzen Dieselloks oder elektrische Züge.

Die elektrische Lokomotive (oben)

Das „Krokodil" war eine große elektrische Lok. Sie wurde 1920 zum ersten Mal gebaut und hauptsächlich auf den kurvigen und steilen Strecken in den Schweizer und Österreichischen Alpen eingesetzt.

Die Sybic-Lokomotive

Dieser neue elektrische Motor war anpassungsfähiger bei der Kraftübertragung und brauchte weniger Wartung. So konnte z.B. die französische Sybic-Lok einen 700 t schweren Personen-Zug 200 km/h schnell ziehen und auch einen 2000 t schweren Güterzug schleppen. Dadurch war sie sehr vielseitig einsetzbar.

Im Führerstand

In seinem Führerstand beobachtet der Zugführer die Signale. Mit Hilfe der Instrumente vor ihm kontrolliert er den Betrieb der Lok. Außerdem sorgt er für die Abfahrt und das Halten des Zuges und reguliert die Geschwindigkeit.

Die Diesellokomotive

In einem Dieselmotor explodiert unter Druck ein Gemisch aus Luft und leicht entzündbarem Treibstoff. Das explodierende Gas drückt gegen einen Kolben. Wie in einem Automotor treibt der Kolben die Räder an. Diese Lokomotiven brauchen weder Wasser noch Kohle oder Strom.

Elektrische Diesellokomotive

Elektrische Dieselloks

Der Dieselmotor treibt einen Generator an, der den Strom für die Fahrmotoren erzeugt. Diese Lokomotiven haben den Vorzug des Dieselmotors – sie brauchen keine elektische Leitung – und gleichzeitig den Vorteil des Elektromotors, der bei allen Geschwindigkeiten eine gute Kraftübertragung ermöglicht.

Diesellokomotive

15

GESCHWINDIGKEITS-REKORDE

Man versucht auch mit Eisenbahnen Geschwindigkeitsrekorde aufzustellen, um mit dem Straßen- und Luftverkehr Schritt halten zu können. Deshalb wurden sehr schnelle Züge gebaut, die auf möglichst geraden Strecken fahren. Der ICE erreicht eine Rekordgeschwindigkeit von 406,9 km/h. Er verbindet viele Städte in Deutschland. Von Hamburg nach München braucht er nur sechs Stunden. In Frankreich ist der TGV der schnellste Zug. Er fährt die Strecke Paris-Lyon in zwei Stunden.

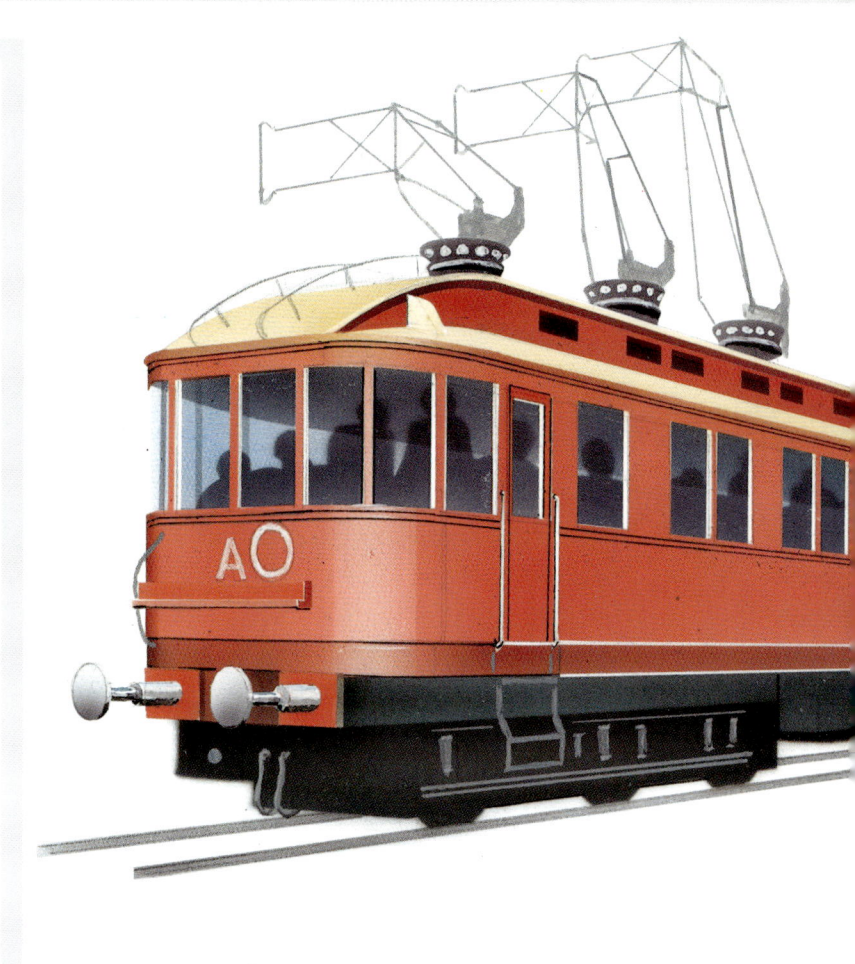

Schneller mit Elektrizität

Am 6. Oktober 1903 erreichte die elektrische Lokomotive von Siemens (links) in Deutschland eine Geschwindigkeit von 210 km/h. Damit brach sie den Rekord, den bisher die Dampflokomotiven gehalten hatten. Der Strom wurde über elektrische Kabel geliefert, die oberhalb des Zuges verliefen (Oberleitungen).

Mehr als 300 km/h

Am 28. und 29. März 1955 wurde in Frankreich ein neuer Rekord aufgestellt. Die Elektrolok BB 9004 fuhr mit 3 Anhängern 331 km/h. 26 Jahre lang wurde der Rekord nicht gebrochen. Erst 1981 erreichte der TGV auf der Strecke von Paris nach Marseille 380 km/h.

Der schnellste Zug der Welt

Der Atlantik-TGV hält seit 1990 mit 515,3 km/h den Geschwindigkeitsrekord. Dieser Zug fährt durchschnittlich 300 km/h und transportiert bis zu 485 Passagiere in 12 Personenwagen.

Der Tokaido Shinkansen

Dieser japanische Hochgeschwindigkeitszug verbindet Tokio mit Osaka und fährt dabei 270 km/h schnell. Im Februar 1991 erreichte er 325 km/h, auf einer anderen Strecke sogar 345 km/h. 288 Züge diesen Typs transportieren jeden Tag 355 000 Passagiere! Die neuen Züge, die 500X, werden 350 km/h schnell fahren.

EINSCHIENEN-BAHNEN

Einschienenbahnen fahren anstatt auf zwei auf einer Schiene. Manche gleiten über das Gleis oder umgreifen es. Andere sind aufgehängt, um den Transport dort zu erleichtern, wo überfüllte Straßen ihn behindern. In Deutschland gibt es seit 1899 eine hängende Einschienenbahn: Die „Schwebebahn" in Wuppertal fährt heute noch auf einer Strecke von 12,9 km. Moderne Einschienenbahnen gibt es in Tokio und Sydney, wo ein Zug auf einer Strecke von 3,6 km zwischen Wolkenkratzern verkehrt.

Die Dampf-Einschienenbahn von East Cambridge

Sie wurde 1886 auf einer 2 km langen Strecke in East Cambridge (Massachusetts, USA) ausprobiert. Die Wagen lagen auf geneigten Rädern; andere waagrecht gestellte zogen den Zug mit etwa 40 km/h. Dieses komplizierte System sollte Entgleisungen verhindern. Wegen des großen Erfolges der Elektrozüge wurde die Bahn bald stillgelegt.

Die Alweg-Bahn

Diese Einschienenbahn wurde von dem schwedischen Ingenieur Alweg gebaut. Sie gleitet auf einem Luftkissen über eine Schiene, die in einer Höhe zwischen 3,5 und 4,5 m über der Erde verläuft. Eine Alweg-Einschienenbahn wurde in Tokio gebaut. Sie verbindet die Innenstadt durch eine 14 km lange Strecke mit dem Flughafen Haneda.

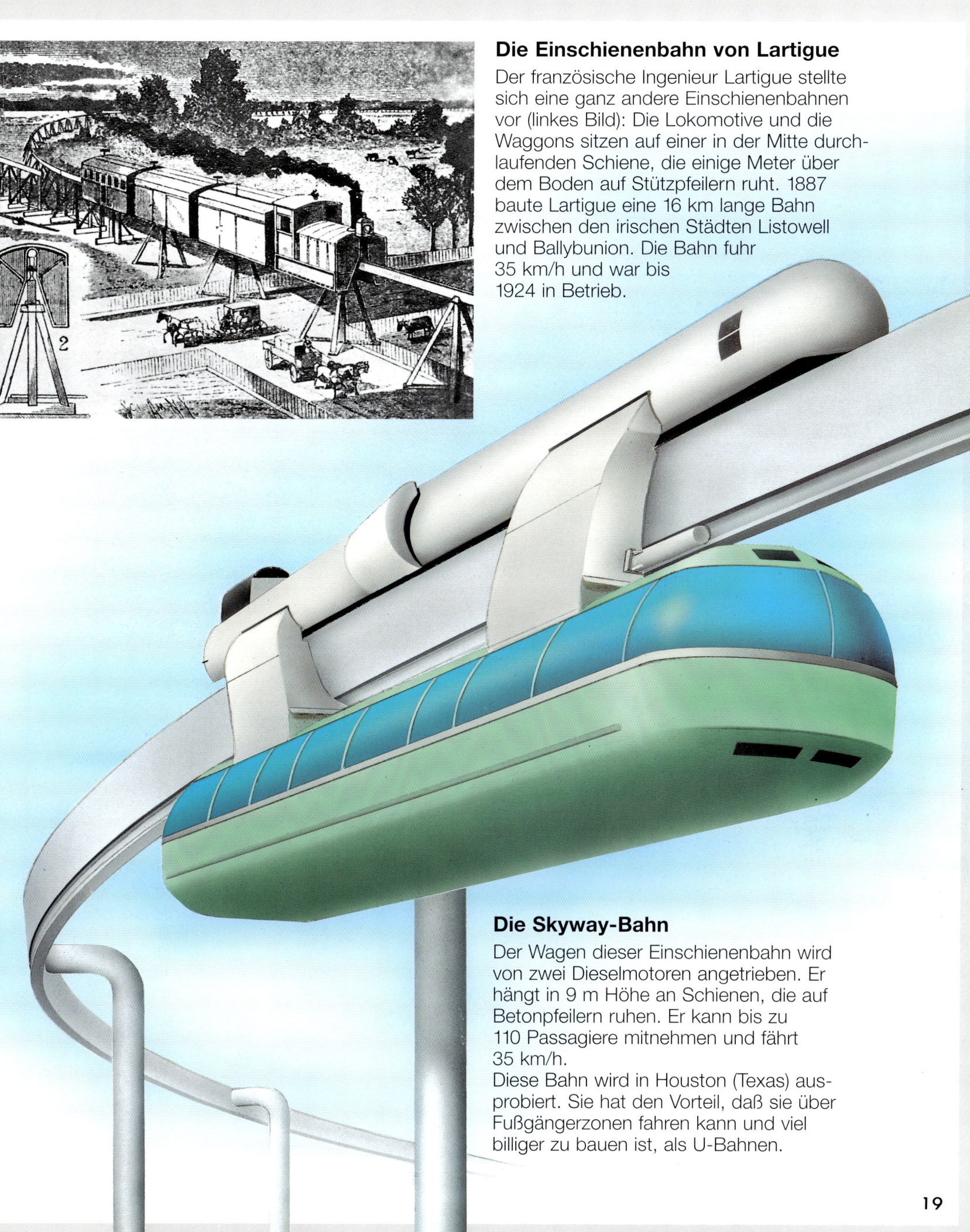

Die Einschienenbahn von Lartigue

Der französische Ingenieur Lartigue stellte sich eine ganz andere Einschienenbahnen vor (linkes Bild): Die Lokomotive und die Waggons sitzen auf einer in der Mitte durchlaufenden Schiene, die einige Meter über dem Boden auf Stützpfeilern ruht. 1887 baute Lartigue eine 16 km lange Bahn zwischen den irischen Städten Listowell und Ballybunion. Die Bahn fuhr 35 km/h und war bis 1924 in Betrieb.

Die Skyway-Bahn

Der Wagen dieser Einschienenbahn wird von zwei Dieselmotoren angetrieben. Er hängt in 9 m Höhe an Schienen, die auf Betonpfeilern ruhen. Er kann bis zu 110 Passagiere mitnehmen und fährt 35 km/h.
Diese Bahn wird in Houston (Texas) ausprobiert. Sie hat den Vorteil, daß sie über Fußgängerzonen fahren kann und viel billiger zu bauen ist, als U-Bahnen.

AUSSERGEWÖHN-LICHE ZÜGE

Manche Züge durchqueren ganze Kontinente. Die Canadien Pacific Railway überquert die Rocky Mountains und nimmt Trapper bei Temperaturen von minus 40°C mit in den hohen Norden. In Australien fährt die „Indien-Pacific" quer durch die Wüsten und Prärien von Nullarbor. Dort findet man die längste gerade Bahnstrecke. Sie ist 478 km lang. In Südafrika verbindet der „Blaue Zug" Kapstadt mit Johannisburg. Er ist einer der luxuriösesten Züge der Welt. In Europa kann man seit 1888 mit dem Orient-Express von Paris nach Istanbul reisen.

Der Andenzug

Die höchsten Eisenbahnlinien der Welt gibt es in Südamerika. Sie überqueren die Anden auf Strecken mit vielen Tunnels und Metallbrücken. Ein von einer Dampflok gezogener Zug (unten) verbindet Quito mit Guayaquil in Ecuador und erreicht auf dem Urbina eine Höhe von 3609 m. In Peru überschreitet die höchste Eisenbahnlinie der Welt auf dem Ticlio-Paß die 4881 Meter-Marke. In diesen Höhen wird der Sauerstoffgehalt der Luft immer geringer. Die Personenwagen sind mit Sauerstofflaschen ausgerüstet, um höhenkranken Reisenden zu helfen.

Die Amerikanische-Transkontinental Bahn

Dank des transkontinentalen Eisenbahnnetzes kann man Amerika vom einen zum anderen Ende überqueren. Von New York bis San Francisco sind das 5262 km. Zwei bis drei kräftige Dieselmotoren ziehen einen Zug, der mit zweistöckigen Schlafwagen, einem Zugrestaurant und einem Aussichtswagen ausgestattet ist, dessen riesige Fenster den Reisenden erlauben, die Landschaft zu bewundern. Diese Züge überqueren die Rocky Mountains, die Schluchten des Colorado und die Wüste von Utah, um endlich in der Ebene von San Francisco anzukommen. Das Eisenbahnnetz der USA ist mit 286 814 km das längste der Welt!

Der Zug auf den Mont Blanc

Er fährt von Chamonix ab und klettert bis hinauf zum Eismeer, einem Gletscher des Mont Blanc. Der Zug ist eine Zahnradbahn. Der Triebwagen hat Zahnräder, die in eine Schiene greifen, die ebenfalls mit Zähnen ausgerüstet ist. Das ermöglicht den Zügen, selbst steile Berghänge hinaufzuklettern ohne abzurutschen. Am Berg Pilatus in der Schweiz bewältigt eine Zahnradbahn den mit 26° Steigung steilsten noch befahrenen Hang.

Die Transsibirische Eisenbahn

Sie verbindet seit 1891 Moskau mit Wladivostok, im äußersten Osten von Sibirien. Diese längste Eisenbahnstrecke der Welt durchquert auf einer 9438 km langen Strecke ganz Sibirien. Mit der Transsibirischen Eisenbahn kann man die längste Zugreise überhaupt machen. Sie dauert 8 Tage und der Zug hält in dieser Zeit an 97 Orten. Eine Linie reicht bis an die chinesische Grenze und durchquert auf ihrem Weg die mongolischen Steppen. Die Eisenbahnlinie ist für die sibirische Wirtschaft von großer Bedeutung, weil sie Erdöl und Bodenschätze transportiert.

EISENBAHN-WAGEN

Schon lange, bevor es richtige Züge gab, hat man Förderwagen erfunden: Karren mit kleinen Rädern, die in Bergwerken auf Schienen rollten. Zunächst zogen oder schoben die Arbeiter die Wagen. Später wurden sie von Pferden und schließlich von Lokomotiven gezogen: Das waren die ersten Güterwagen. Heute sind die Waggons genau an die Art der Ladung angepaßt, die sie transportieren. Personenzüge sind sehr bequem: Einige haben eine Klimaanlage, eine Bar, eine Spielecke für Kinder oder sogar eine Telefonkabine!

1

1. Liegewagen

Diese Waggons haben Abteile mit 6 Liegeplätzen in der 2. Klasse und 4 Liegeplätzen in der 1. Klasse. Alle sind mit einem Bettuch, Kopfkissen und Decke ausgestattet.

2. Schlafwagen

Diese Wagen fahren in vielen europäischen Ländern auf langen Strecken während der Nacht. Jeder Wagen besteht aus 18 Abteilen mit je zwei Betten und einer Waschecke.

3. Viehwaggon

Dieser Anhänger entspricht den Bedürfnissen von Tieren wie Kühen oder Schafen. Die Tiere werden durch Schutzgitter voneinander getrennt. Die Belüftung ist sehr gut.

4. Güterwaggon

Diese Wagen befördern Frachtstücke zwischen 5 und 5000 kg.

Dieser Schlafwagen (unten) verkehrte ab 1838 auf der Strecke London-Birmingham in England. Von seinen drei Abteilen war nur eines geschlossen. Der Schaffner saß außerhalb des Waggons auf einem Sitz.

10

2

5. Schüttgutwagen

Mit diesem Wagen werden Viehfutter, chemische Substanzen oder schwere Steinblöcke transportiert.

3

4

6. Waggon für schwere und sperrige Gegenstände

Der Anhänger mit Tiefladeplattform ermöglicht den Transport von sperrigen Gegenständen.

5

7. Waggon mit beweglicher Abdeckung

Dieser Waggon eignet sich besonders für den Transport von Blechrollen, wie z. B. die Automobil-Industrie sie braucht.

6

8. Kesselwagen

Anhänger für den Transport gefährlicher Produkte, wie Butangas, Propangas, Chlor, oder für Lebensmittel wie Wein und Öl. Natürlich wird jeder Wagen immer nur für dieselbe Ware benützt.

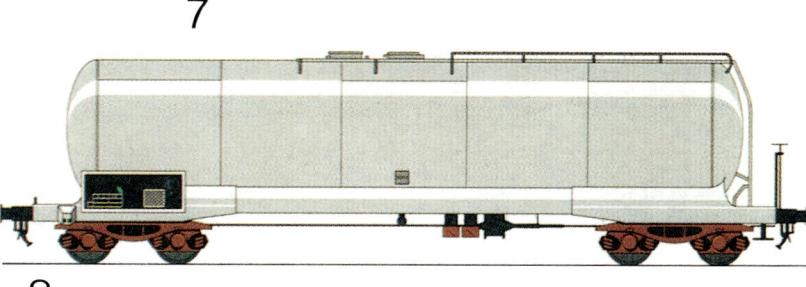

7

9. Niederbordwagen

Besonderer Anhänger für den Transport von Stammholz, also für große, runde Baumstämme.

8

10. Containerwaggon

Diese Anhänger sind für lange Transportstrecken geeignet. Die Container können vom Zug auf den Lastwagen verladen werden.

9

DER EUROTUNNEL

Seit langem träumen Menschen davon, die 37 km, die die französische Küste von der englischen trennen, mit einer Brücke oder einem Tunnel zu verbinden. Schon 1856 zeigte ein Ingenieur Napoleon III. einen Tunnelplan. Doch es gab zahlreiche Hindernisse. Erst 1986 beschloß man, den Eurotunnel zu bauen. Die Arbeiten wurden zwischen Frankreich und England aufgeteilt und dauerten bis 1993. Insgesamt 150 km Tunnel mußten gegraben werden. Damit entstand die größte Baustelle des Jahrhunderts. Der Durchbruch des ersten Tunnels fand am 1. Dezember 1990 statt.

Seit 1994 dauert die Überquerung des Ärmelkanals nur noch 35 Minuten.

Spitzengeschwindigkeit 160 km/h

50,5 km   35 Minuten Fahrzeit, davon 28 im Tunnel

9,8 km   37 km

MEERESSPIEGEL

60 Meter   MEERESGRUND

40 Meter   TUNNEL

bla

Gallischer Ton

Querschnitt, der die Lage des Tunnels unter dem Ärmelkanal zeigt.

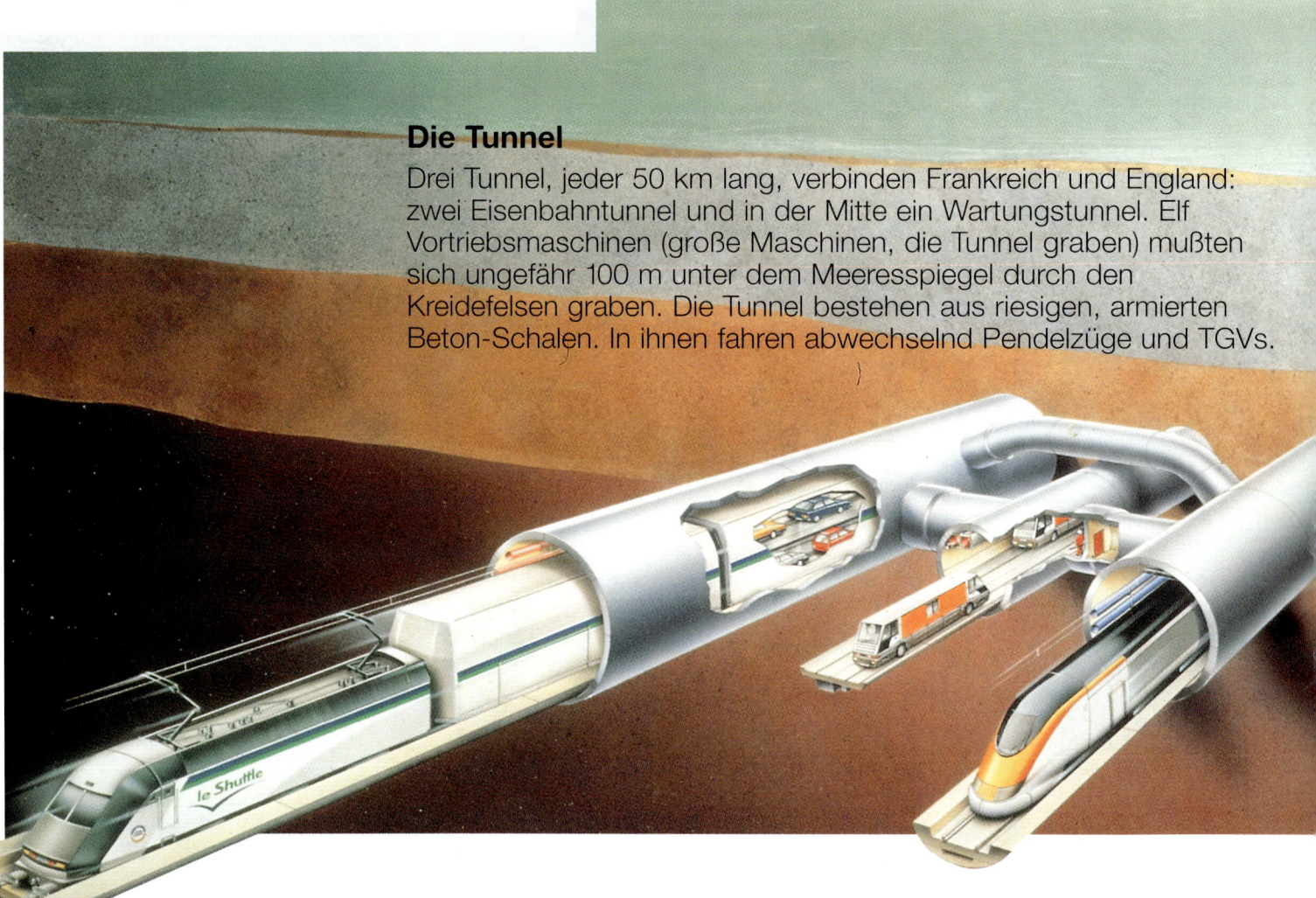

Die Tunnel

Drei Tunnel, jeder 50 km lang, verbinden Frankreich und England: zwei Eisenbahntunnel und in der Mitte ein Wartungstunnel. Elf Vortriebsmaschinen (große Maschinen, die Tunnel graben) mußten sich ungefähr 100 m unter dem Meeresspiegel durch den Kreidefelsen graben. Die Tunnel bestehen aus riesigen, armierten Beton-Schalen. In ihnen fahren abwechselnd Pendelzüge und TGVs.

Pendelzüge

Sie werden „Shuttle" genannt und transportieren bei einer Geschwindigkeit von 140 km/h Busse, Autos und bis zu 4000 Passagiere pro Stunde. Die Züge sind etwa 700 Meter lang und schaffen die Durchfahrt mit 120 Autos und 12 Bussen in 35 Minuten. Lastwagen reisen auf besonderen Pendelzügen. Auf einen Zug passen 28 Lastwagen.

Der TGV

Der Ärmelkanal-TGV fährt die Strecke Paris-London in 3 Stunden mit 160 km/h. Jeder TGV wird von zwei Lokomotiven gezogen, die zu den stärksten Zugmaschinen der Welt gehören. Er befördert bis zu 794 Passagiere in 18 Wagen.

Die Terminals

An jedem Tunnelende gibt es ein Terminal: Hier werden die Reisenden und ihre Fahrzeuge verladen. Auf den 1 Kilometer langen Verladebahnsteigen fahren Autos, Lastwagen, Reisebusse und Wohnwagen über Zufahrtsrampen auf die Züge.

Der Pendelzug „Shuttle"

Dokumentation Eurotunnel

ZÜGE DER ZUKUNFT

Züge werden in Zukunft wichtiger werden. Sie sind nicht nur schnell und sicher, sondern fahren auch direkt in die Zentren der Städte. Sie verschmutzen die Umwelt weniger als Autos oder Flugzeuge. Ingenieure verbessern unentwegt Motoren, Schienen und Fahrgestelle. In Deutschland und Japan entwickelt man Magnetschwebebahnen: Die Magnetkräfte wirken unter dem Zug, der über einem magnetischen Gleis schwebt. Die Magnete treiben den Zug an. Weil keine Räder auf den Schienen reiben, erreicht man Geschwindigkeiten bis zu 500 km/h.

Japan Railways Group

Zweistöckiger TGV (unten)

Wie kann man noch mehr Reisende in einem TGV unterbringen? Ganz einfach: Man setzt einfach noch ein Stockwerk obendrauf. Seit 1996 gibt es einen zweistöckigen TGV, der 545 Passagiere befördern kann. Um die 8 zweistöckigen Wagen zu ziehen, braucht man zwei starke Antriebswagen.

701

SNCF

Der Maglev (links)

Das ist eine japanische Magnetschwebebahn. Auf den Versuchsstrecken erreicht er eine Geschwindigkeit von 517 km/h. Weil die Strecke Tokaido-Shinkansen überlastet ist, plant man Maglev-Züge einzusetzen. Sie können die Strecke Tokio-Osaka in 1 Stunde fahren, anstatt in 2,5 Stunden wie der Tokaido-Zug. Dabei braucht der Maglev nur die Hälfte Energie.

Der Transrapid

(keine Abbildung)

Dieser sehr schnelle Zug, eine Magnetschwebebahn, wird gerade in Deutschland entwickelt. Am 22. Januar 1988 hat er auf einer Versuchsstrecke eine Geschwindigkeit von 412 km/h erreicht; auf einer längeren Strecke könnte er ohne weiteres 500 km/h fahren. Anfangs soll er 200 Passagiere zwischen den großen deutschen Städten befördern.

Der Planeten-Zug

Noch ist alles nur ein Traum: Aber warum soll man sich nicht für das 21. Jahrhundert einen Zug wie den „Milchstraßen-Express" vorstellen, der dann Reisende auf andere Planeten befördern kann? Man muß ihn nur noch erfinden!

INHALTSVERZEICHNIS

Wir danken der Zeitschrift „La Vie du Rail",
sowie der Dokumentationsstelle der französischen
Eisenbahngesellschaft SNCF
und der Eurotunnel-Gesellschaft.